Tobias Beilschmidt

Münzkatalog Griechenland

Die griechischen Euromünzen
2002 bis 2020

Dieser Katalog stellt in erster Regel eine Auflistung der bisher erschienen Euro Münzen aus Griechenland dar. Der Nutzer hat die Möglichkeit seine erworbenen Stück in diesem Katalog mit weiteren Informationen wie Kaufpreis, Kaufdatum, Kaufort und Erhaltung einzutragen und zu dokumentieren. Dieser Katalog verzichtet bewusst auf Bilder, um diesen so schlank wir möglich zu halten. Er ist der leichte Begleiter für die Besuche der Münzen Händler, auf den Münzen Börsen und Messen oder gar auf Reisen.

Bei den angebenden Bewertungen der Münzen hat der Verfasser versucht, Preise aus dem marktgerechten Umfeld umzusetzen. Die Bewertungen zu den Preisen erfolgten über die Recherche von Münzen Messen und Börsen, vielen Händlern, ob im Internet oder Ladengeschäften.

Die Bewertungen sind eine persönliche Ansicht des Verfassers und spiegeln keine Ankaufspreise wider. Ankaufspreise richten sich nach dem Bedarf und den Aufwand des Händlers. Ebenso wurden keine, wie ab und an mal anzutreffend, Spitzenpreise aber auch nicht Tiefstpreise zu Grunde gelegt.

Als Basis für den Goldpreis wurde der Kurs von 50 Euro pro Gramm zu Grunde gelegt.

Alle Angaben ohne Gewähr. Jegliche Haftung wird ausgeschlossen.

© 2021 Tobias Beilschmidt
Herstellung und Verlag: BoD – Books on Demand, Norderstedt
ISBN: 978-3-7526-5763-0

Inhaltsverzeichnis

Erhaltungsgrade von Münzen

s	schön	Die Reliefpartien der Münze sind teilweise nicht mehr vorhanden.
ss	sehr schön	Die Relifpartien der Münze sind noch vorhanden, einige Prägedetails sind abgenutzt.
vz	vorzüglich	Die Reliefdetails sind vorhanden, keine Beschädigungen, Münze war nur kurz im Umlauf.
unc	unzirkuliert	Die Münze ist absolut prägefrisch. Nur die Massenbehandlung der Münzstätte ist sichtbar.
st	Stempelglanz	Eine perfekt erhaltene Münze. Keine sichtbaren Spuren. Leichte Spuren der Herstellung sind möglich.

2 Euro Gedenkmünzen

Technische Daten					
Material 75% Kupfer, 25% Nickel					
Durch - messer	25.75mm	Dicke	2.20mm	Gewicht	8.50g

* aus KMS ** Etui

Olympische Sommerspiele in Athen 2014					
No.	Jahrgang	Total Auflage	ST 34`500`000	Coin Card 500`000	PP /
B 2.1	2004	35`000`000	4.5	10	/

50. Jahrestag Unterzeichnung des Vertrages von Rom					
No.	Jahrgang	Total Auflage	ST 3`978`550	Coin Card /	PP /
B 2.2	2007	3`978`550	4.5	/	/

10 jähriges Bestehen der Wirtschaft und Währungs Union					
No.	Jahrgang	Total Auflage	ST 4`000`000	Coin Card /	PP /
B 2.3	2009	4`000`000	4		

2`500 Jahre Schlacht von Marathon					
No.	Jahrgang	Total Auflage	ST 2`500`000	Coin Card /	PP /
B 2.4	2010	2`500`000	4		

XIII. Special Olympics 2011 in Athen					
No.	Jahrgang	Total Auflage	ST 1`000`000	Coin Card /	PP /
B 2.5	2011	1`000`000	4		

10. Jahrestag der Einführung des Euro Bargeld					
No.	Jahrgang	Total Auflage	ST 992`500	Coin Card 5`000	PP * 2`500
B 2.6	2012	1`007`000	3.5	12	45

2 Euro Gedenkmünzen

<table>
<tr><td colspan="6" align="center">Technische Daten</td></tr>
<tr><td rowspan="2">Durch -
messer</td><td colspan="5" align="center">Material 75% Kupfer, 25% Nickel</td></tr>
<tr><td>25.75mm</td><td>Dicke</td><td>2.20mm</td><td>Gewicht</td><td>8.50g</td></tr>
</table>

Olympische Sommerspiele in Athen 2014					
Jahrgang	Auflage	Datum	Ort	Erhaltung	Preis
2004	35`000`000				

50. Jahrestag Unterzeichnung des Vertrages von Rom Euro 13 Gemeinschaftsausgabe					
Jahrgang	Auflage	Datum	Ort	Erhaltung	Preis
2007	3`973`550				

10 jähriges Bestehen der Wirtschaft und Währungs Union Euro 16 Gemeinschafts Ausgabe					
Jahrgang	Auflage	Datum	Ort	Erhaltung	Preis
2009	4`000`000				

2`500 Jahre Schlacht von Marathon					
Jahrgang	Auflage	Datum	Ort	Erhaltung	Preis
2010	2`500`000				

XIII. Special Olympics 2011 in Athen					
Jahrgang	Auflage	Datum	Ort	Erhaltung	Preis
2011	1`000`000				

10. Jahrestag der Einführung des Euro Bargeld Euro 17 Gemeinschafts Ausgabe					
Jahrgang	Auflage	Datum	Ort	Erhaltung	Preis
2012	1`007`000				

100. Jahrestag der Vereinigung von Kreta mit Griechenland

No.	Jahrgang	Total Auflage	ST	Coin Card	PP *
			738`500	7`500	4`000
B 2.7	2013	750`000	3.5	10	35

2`400 Jahrestag der Gründung der Platonischen Akademie

No.	Jahrgang	Total Auflage	ST	Coin Card	PP *
			738`500	7`500	4`000
B 2.8	2013	750`000	3.5	10	35

400. Todestag von Dominikos Theotokopoulos

No.	Jahrgang	Total Auflage	ST	Coin Card	PP *
			740`000	7`500	2`500
B 2.9	2014	750`000	3.5	10	30

150. Jahrestag der Vereinigung der Ionischen Inseln mit

No.	Jahrgang	Total Auflage	ST	Coin Card	PP *
			740`000	7`500	2`500
B 2.10	2014	750`000	3.5	10	30

75. Todestag von Spyros Louis

No.	Jahrgang	Total Auflage	ST	Coin Card	PP **
			741`000	7`500	1`500
B 2.11	2015	750`000	3.5	10	90

30 Jähriges Bestehen der EU Flagge

No.	Jahrgang	Total Auflage	ST	Coin Card	PP **
			741`000	7`500	1`500
B	2015	750`000	3.5	10	90

150. Jahrestag vom Brand des Kloster Arkadi

No.	Jahrgang	Total Auflage	ST	Coin Card	PP **
			742`000	6`500	1`500
B	2016	750`000	3.5	10	80

120. Geburtstag von Dimitri Mitropoulos

No.	Jahrgang	Total Auflage	ST	Coin Card	PP **
			742`000	6`500	1`500
B	2016	750`000	3.5	10	80

2 Euro Gedenkmünzen

100. Jahrestag der Vereinigung von Kreta mit Griechenland

Jahrgang	Auflage	Datum	Ort	Erhaltung	Preis
2013	750`000				

2`400 Jahrestag der Gründung der Platonischen Akademie

Jahrgang	Auflage	Datum	Ort	Erhaltung	Preis
2013	750`000				

400. Todestag von Dominikos Theotokopoulos

Jahrgang	Auflage	Datum	Ort	Erhaltung	Preis
2014	750`000				

150. Jahrestag der Vereinigung der Ionischen Inseln mit Griechenland

Jahrgang	Auflage	Datum	Ort	Erhaltung	Preis
2014	750`000				

75. Todestag von Spyros Louis

Jahrgang	Auflage	Datum	Ort	Erhaltung	Preis
2015	750`000				

30 Jähriges Bestehen der EU Flagge
Euro 19 Gemeinschfts Ausgabe

Jahrgang	Auflage	Datum	Ort	Erhaltung	Preis
2012	750`000				

150. Jahrestag vom Brand des Kloster Arkadi

Jahrgang	Auflage	Datum	Ort	Erhaltung	Preis
2015	750`000				

120. Geburtstag von Dimitri Mitropoulos

Jahrgang	Auflage	Datum	Ort	Erhaltung	Preis
2016	750`000				

2 Euro Gedenkmünzen

60. Todestag von Nikos Kazantzakis					
No.	Jahrgang	Total	ST	Coin Card	PP **
		Auflage	744`000	4`500	1`500
B 2.12	2017	750`000	3.5	10	70

Archäologische Ausgrabungsstätte Philippi					
No.	Jahrgang	Total	ST	Coin Card	PP **
		Auflage	744`000	4`500	1`500
B 2.13	2017	750`000	3.5	10	70

75. Todestag von Kostis Palamas					
No.	Jahrgang	Total	ST	Coin Card	PP *
		Auflage	748`000	/	2`000
B 2.14	2018	750`000	3.5		70

70. Jahrestag der Vereinigung Dodekanes mit Griechenland					
No.	Jahrgang	Total	ST	Coin Card	PP *
		Auflage	748`000	/	2`000
B 2.15	2018	750`000	3.5		50

100. Geburtstag von Manolis Abdronikos					
No.	Jahrgang	Total	ST	Coin Card	PP *
		Auflage	748`500	/	1`500
B 2.16	2019	750`000	3.5		45

150. Todestag von Andreas Kalvos					
No.	Jahrgang	Total	ST	Coin Card	PP *
		Auflage	748`500	/	1`500
B 2.17	2019	750`000	3.5		45

2500. Jahrestag der Schlacht bei den Thermopylen					
No.	Jahrgang	Total	ST	Coin Card	PP **
		Auflage	735`000	10`000	5`000
B 2.18	2020	758`000	3.5	10	70

100. Jahrestag der Vereinigung Thrakiens mit Griechenland					
No.	Jahrgang	Total	ST	Coin Card	PP **
		Auflage	735`000	10`000	2`000
B 2.19	2020	747`000	3.5	10	90

2 Euro Gedenkmünzen

60. Todestag von Nikos Kazantzakis

Jahrgang	Auflage	Datum	Ort	Erhaltung	Preis
2017	750`000				

Archäologische Ausgrabungsstätte Philippi

Jahrgang	Auflage	Datum	Ort	Erhaltung	Preis
2017	750`000				

75. Todestag von Kostis Palamas

Jahrgang	Auflage	Datum	Ort	Erhaltung	Preis
2018	750`000				

70. Jahrestag der Vereinigung Dodekanes mit Griechenland

Jahrgang	Auflage	Datum	Ort	Erhaltung	Preis
2018	750`000				

100. Geburtstag von Manolis Abdronikos

Jahrgang	Auflage	Datum	Ort	Erhaltung	Preis
2019	750`000				

150. Todestag von Andreas Kalvos

Jahrgang	Auflage	Datum	Ort	Erhaltung	Preis
2019	750`000				

2500. Jahrestag der Schlacht bei den Thermopylen

Jahrgang	Auflage	Datum	Ort	Erhaltung	Preis
2020	758`000				

100. Jahrestag der Vereinigung Thrakiens mit Griechenland

Jahrgang	Auflage	Datum	Ort	Erhaltung	Preis
2020	750`000				

5 Euro Gedenkmünzen

Technische Daten			
Material 70% Kupfer, 18% Zink, 12% Nickel			
Durch - messer 30.5 mm	Dicke 2.20mm	Gewicht 18.80g	

150. Geburtstag von Konstantinos Kavafis

No.	Jahrgang	Auflage	Erhaltung	
B 5.1	2013	10`000	Folder	15
B 5.1A	2013	40`000	ST	10

200 Jahre Geheimbund zur Befreiung von Griechenland

No.	Jahrgang	Auflage	Folder ST
B 5.2	2014	7`500	15

100. Geburtstag Vasilis Tsitsanis

No.	Jahrgang	Auflage	Folder ST
B 5.3	2015	7`500	15

100. Geburtstag Yannis Moralis

No.	Jahrgang	Auflage	Folder ST
B 5.4	2016	6`500	15

175. Geburtstag Nikolaos Gysis

No.	Jahrgang	Auflage	Folder ST
B 5.5	2017	5`000	15

100 Jahre Hinterlegungs- und Darlehens Kasse

No.	Jahrgang	Auflage	Folder ST
B 5.6	2019	4`000	40

5 Euro Gedenkmünzen

Technische Daten					
Material 70% Kupfer, 18% Zink, 12% Nickel					
Durch - messer	30.5 mm	Dicke	2.20mm	Gewicht	18.80g

150. Geburtstag von Konstantinos Kavafis

Jahrgang	Auflage	Datum	Ort	Erhaltung	Preis
2013	10`000			Folder	
2013	40`000			ST	

200 Jahre Geheimbund zur Befreiung von Griechenland

Jahrgang	Auflage	Datum	Ort	Erhaltung	Preis
2014	7`500				

100. Geburtstag Vasilis Tsitsanis

Jahrgang	Auflage	Datum	Ort	Erhaltung	Preis
2015	7`500				

100. Geburtstag Yannis Moralis

Jahrgang	Auflage	Datum	Ort	Erhaltung	Preis
2016	6`500				

175. Geburtstag Nikolaos Gysis

Jahrgang	Auflage	Datum	Ort	Erhaltung	Preis
2017	5`000				

100 Jahre Hinterlegungs- und Darlehens Kasse

Jahrgang	Auflage	Datum	Ort	Erhaltung	Preis
2019	4`000				

5 Euro Gedenkmünzen

Einheimische Flora - Tulpe - Tulipa Goulimyi

No.	Jahrgang	Auflage	Folder ST
B 5.7	2019	5`000	20

Einheimische Flora - Iris Hellencia

Durch-messer	31mm	Gewicht 17g	0.333 Silber	
No.	Jahrgang	Auflage	Folder ST	
B 5.8	2020	5`000	25	

Myrtis

Durch-messer	30mm	Gewicht 10g	0.925 Silber	
No.	Jahrgang	Auflage	Folder ST	
B 5.9	2020	2`500	60	

150. Geburtstag vom Maler Theofilos

Durch-messer	31mm	Gewicht 17g	0.333 Silber	
No.	Jahrgang	Auflage	Folder ST	
B 5.10	2020	5`000	30	

100 Jahre Universität für Wirtschaft und Handel in Athen

Durch-messer	31mm	Gewicht 17g	0.333 Silber	
No.	Jahrgang	Auflage	Folder ST	
B 5.11	2020	6`000	30	

5 Euro Gedenkmünzen

Einheimische Flora - Tulpe - Tulipa Goulimyi

Jahrgang	Auflage	Datum	Ort	Erhaltung	Preis
2019	5`000				

Einheimische Flora - Iris Hellencia

Jahrgang	Auflage	Datum	Ort	Erhaltung	Preis
2020	5`000				

Myrtis

Jahrgang	Auflage	Datum	Ort	Erhaltung	Preis
2020	2`500				

150. Geburtstag vom Maler Theofilos

Jahrgang	Auflage	Datum	Ort	Erhaltung	Preis
2020	5`000				

100 Jahre Universität für Wirtschaft und Handel in Athen

Jahrgang	Auflage	Datum	Ort	Erhaltung	Preis
2020	6`000				

6 Euro Gedenkmünzen

Technische Daten				
Material 92.5% Silber, 7.5% Kupfer				
Durch - messer	28.5 mm	Rand	glatt	Gewicht 10g

Internationales Jahr des Lichtes 2015

No.	Jahrgang	Auflage	PP im Etui
B 6.1	2015	1`000	130

50 Jahre Fernsehen in Griechenland

No.	Jahrgang	Auflage	PP im Etui
B 6.2	2016	1`500	75

Internationales Jahr des nachhaltigen Tourismus

No.	Jahrgang	Auflage	PP im Etui
B 6.3	2017	1`500	55

100. Jahrestag der griechisch mathematischen Gesellschaft

No.	Jahrgang	Auflage	PP im Etui
B 6.4	2018	1`500	70

Griechische Ökonomen - Andreas Andreadis

No.	Jahrgang	Auflage	Satz mit 6x6 Euro
B 6.5	2019	1`500	40

Griechische Ökonomen - Angelos Angelopoulos

No.	Jahrgang	Auflage	Satz mit 6x6 Euro
B 6.6	2019	1`500	40

6 Euro Gedenkmünzen

Technische Daten					
Material 92.5% Silber, 7.5% Kupfer					
Durch - messer	28.5 mm	Rand	glatt	Gewicht	10g

Internationales Jahr des Lichtes 2015

Jahrgang	Auflage	Datum	Ort	Erhaltung	Preis
2015	1`000				

50 Jahre Fernsehen in Griechenland

Jahrgang	Auflage	Datum	Ort	Erhaltung	Preis
2016	1`500				

Internationales Jahr des nachhaltigen Tourismus

Jahrgang	Auflage	Datum	Ort	Erhaltung	Preis
2017	1`500				

Internationales Jahr des nachhaltigen Tourismus

Jahrgang	Auflage	Datum	Ort	Erhaltung	Preis
2018	1`500				

Griechische Ökonomen - Andreas Andreadis

Jahrgang	Auflage	Datum	Ort	Erhaltung	Preis
2019	1`500				

Griechische Ökonomen - Angelos Angelopoulos

Jahrgang	Auflage	Datum	Ort	Erhaltung	Preis
2019	1`500				

6 Euro Münzen

Griechische Ökonomen - Sakis Karagiorgas			
No.	Jahrgang	Auflage	Satz mit 6x6 Euro
B 6.7	2019	1`500	401
Griechische Ökonomen - Ioannis Pesmazoglou			
No.	Jahrgang	Auflage	Satz mit 6x6 Euro
B 6.8	2019	1`500	40
Griechische Ökonomen - Kyriakos Varvaressos			
No.	Jahrgang	Auflage	Satz mit 6x6 Euro
B 6.9	2019	1`500	40
Griechische Ökonomen - Xenophon Zolotas			
No.	Jahrgang	Auflage	Satz mit 6x6 Euro
B 6.10	2019	1`500	40
50 Jahre Mondlandung			
No.	Jahrgang	Auflage	PP im Etui
B 6.11	2019	1`200	160
75 Jahre Gründung der griechischen Radio Gesellschaft			
No.	Jahrgang	Auflage	PP im Etui
B 6.12	2020	1`200	100

6 Euro Münzen

Griechische Ökonomen - Sakis Karagiorgas

Jahrgang	Auflage	Datum	Ort	Erhaltung	Preis
2019	1`500				

Griechische Ökonomen - Ioannis Pesmazoglou

Jahrgang	Auflage	Datum	Ort	Erhaltung	Preis
2019	1`500				

Griechische Ökonomen - Kyriakos Varvaressos

Jahrgang	Auflage	Datum	Ort	Erhaltung	Preis
2019	1`500				

Griechische Ökonomen - Xenophon Zolotas

Jahrgang	Auflage	Datum	Ort	Erhaltung	Preis
2019	1`500				

50 Jahre Mondlandung

Jahrgang	Auflage	Datum	Ort	Erhaltung	Preis
2019	1`200				

75 Jahre Gründung der griechischen Radio Gesellschaft

Jahrgang	Auflage	Datum	Ort	Erhaltung	Preis
2020	1`200				

10 Euro Gedenkmünzen

Die 10 Euro Gedenkmünzen von Griechenland wurden in 2 Varianten ausgegeben. Von 2003 bis 2012 wurden Münzen in kleinerem Format, für die KMS ausgegeben. Parallel wurden die grösseren Münzen im Etui verausgabt.

Technische Daten

Material 92.5% Silber, 7.5% Kupfer

Durch - messer	28.25 mm	Dicke	1.92mm	Gewicht	9.75g

Griechische Ratspräsidentschaft 2003

No.	Jahrgang	Auflage	PP	
B 10.1	2003	25`000	lose	40
B 10.1A	2003	50`000	aus KMS	40

50 Jahre Nationalpark Olympos - Kampf der Titanen

No.	Jahrgang	Auflage	aus KMS
B 10.2	2006	25`000	35

Patras - Europäische Kulturhauptstadt 2006

No.	Jahrgang	Auflage	aus KMS
B 10.3	2006	25`000	35

30. Todestag Maria Callas

No.	Jahrgang	Auflage	aus KMS
B 10.4	2007	5`000	140

50. Todestag von Nikos Kazantzakis

No.	Jahrgang	Auflage	aus KMS
B 10.5	2007	5`000	120

10 Euro Gedenkmünzen

Die 10 Euro Gedenkmünzen von Griechenland wurden in 2 Varianten ausgegeben. Von 2003 bis 2012 wurden Münzen in kleinerem Format, für die KMS ausgegeben. Parallel wurden die grösseren Münzen im Etui verausgabt.

Technische Daten

Material 92.5% Silber, 7.5% Kupfer

Durch - messer	28.5 mm	Dicke	1.92mm	Gewicht	9.75g

Griechische Ratspräsidentschaft 2003

Jahrgang	Auflage	Datum	Ort	Erhaltung	Preis
2003	25`000			lose PP	
2003	50`000			KMS PP	

50 Jahre Nationalpark Olympos - Kampf der Titanen

Jahrgang	Auflage	Datum	Ort	Erhaltung	Preis
2006	25`000				

Patras - Europäische Kulturhauptstadt 2006

Jahrgang	Auflage	Datum	Ort	Erhaltung	Preis
2006	25`000				

30. Todestag von Maria Callas

Jahrgang	Auflage	Datum	Ort	Erhaltung	Preis
2007	5`000				

50. Todestag von Nikos Kazantzakis

Jahrgang	Auflage	Datum	Ort	Erhaltung	Preis
2007	5`000				

10 Euro Gedenkmünzen

Eröffnung vom Akropolis Museum

No.	Jahrgang	Auflage	aus KMS
B 10.6	2008	10`000	35

Internationales Jahr der Astronomie 2009

No.	Jahrgang	Auflage	aus KMS
B 10.7	2009	5`000	35

100. Geburtstag von Giannis Ritsos

No.	Jahrgang	Auflage	aus KMS
B 10.8	2009	5`000	35

Internationales Jahr der biologischen Vielfalt

No.	Jahrgang	Auflage	aus KMS
B 10.9	2010	5`000	35

100. Geburtstag von Sofia Vembo

No.	Jahrgang	Auflage	aus KMS
B 10.10	2010	5`000	35

Special Olympics in Athen 2011 - Panathinaiko Stadion

No.	Jahrgang	Auflage	aus KMS
B 10.11	2011	7`500	40

Special Olympics in Athen 2011 - Akropolis

No.	Jahrgang	Auflage	aus KMS
B 10.12	2011	7`500	40

50. Todestag von Georgios Papanikolaou

No.	Jahrgang	Auflage	aus KMS
B 10.13	2012	10`000	40

10 Euro Gedenkmünzen

Eröffnung vom Akropolis Museum

Jahrgang	Auflage	Datum	Ort	Erhaltung	Preis
2008	10`000				

Internationales Jahr der Astronomie 2009

Jahrgang	Auflage	Datum	Ort	Erhaltung	Preis
2009	5`000				

100. Geburtstag von Giannis Ritsos

Jahrgang	Auflage	Datum	Ort	Erhaltung	Preis
2009	5`000				

Internationales Jahr der biologischen Vielfalt

Jahrgang	Auflage	Datum	Ort	Erhaltung	Preis
2010	5`000				

100. Geburtstag von Sofia Vembo

Jahrgang	Auflage	Datum	Ort	Erhaltung	Preis
2010	5`000				

Special Olympics in Athen 2011 - Panathinaiko Stadion

Jahrgang	Auflage	Datum	Ort	Erhaltung	Preis
2011	7`500				

Special Olympics in Athen 2011 - Akropolis

Jahrgang	Auflage	Datum	Ort	Erhaltung	Preis
2011	7`500				

50. Todestag von Georgios Papanikolaou

Jahrgang	Auflage	Datum	Ort	Erhaltung	Preis
2012	10`000				

10 Euro Gedenkmünzen

Technische Daten			
Material 92.5% Silber, 7.5% Kupfer			
Durch - messer	40 mm	Dicke 3.1mm	Gewicht 34.1g

XXVIII: Olympische Sommerspiele in Athen - Sprint

No.	Jahrgang	Auflage	PP im Etui
B 10.14	2003	68`000	35

XXVIII: Olympische Sommerspiele in Athen - Diskus

No.	Jahrgang	Auflage	PP im Etui
B 10.15	2003	68`000	35

XXVIII: Olympische Sommerspiele in Athen - Speerwurf

No.	Jahrgang	Auflage	PP im Etui
B 10.16	2003	68`000	35

XXVIII: Olympische Sommerspiele in Athen - Weitsprung

No.	Jahrgang	Auflage	PP im Etui
B 10.17	2003	68`000	35

XXVIII: Olympische Sommerspiele in Athen - Staffel Lauf

No.	Jahrgang	Auflage	PP im Etui
B 10.18	2003	68`000	35

XXVIII: Olympische Sommerspiele in Athen - Reiten

No.	Jahrgang	Auflage	PP im Etui
B 10.19	2003	68`000	35

10 Euro Gedenkmünzen

Technische Daten					
Material 92.5% Silber, 7.5% Kupfer					
Durch - messer	40 mm	Dicke	3.1mm	Gewicht	34.1g

XXVIII: Olympische Sommerspiele in Athen - Sprint

Jahrgang	Auflage	Datum	Ort	Erhaltung	Preis
2003	68`000				

XXVIII: Olympische Sommerspiele in Athen - Diskus

Jahrgang	Auflage	Datum	Ort	Erhaltung	Preis
2003	68`000				

XXVIII: Olympische Sommerspiele in Athen - Speerwurf

Jahrgang	Auflage	Datum	Ort	Erhaltung	Preis
2003	68`000				

XXVIII: Olympische Sommerspiele in Athen - Weitsprung

Jahrgang	Auflage	Datum	Ort	Erhaltung	Preis
2003	68`000				

XXVIII: Olympische Sommerspiele in Athen - Staffel Lauf

Jahrgang	Auflage	Datum	Ort	Erhaltung	Preis
2003	68`000				

XXVIII: Olympische Sommerspiele in Athen - Reiten

Jahrgang	Auflage	Datum	Ort	Erhaltung	Preis
2003	68`000				

10 Euro Gedenkmünzen - grosse Variante

XXVIII: Olympische Sommerspiele in Athen - Rhythmische Sportgymnastik

No.	Jahrgang	Auflage	PP im Etui
B 10.20	2003	68`000	35

XXVIII: Olympische Sommerspiele in Athen -Schwimmen

No.	Jahrgang	Auflage	PP im Etui
B 10.21	2003	68`000	35

XXVIII: Olympische Sommerspiele in Athen - Gewichtheben

No.	Jahrgang	Auflage	PP im Etui
B 10.22	2004	68`000	35

XXVIII: Olympische Sommerspiele in Athen - Ringen

No.	Jahrgang	Auflage	PP im Etui
B 10.23	2004	68`000	35

XXVIII: Olympische Sommerspiele in Athen - Handball

No.	Jahrgang	Auflage	PP im Etui
B 10.24	2004	68`000	35

XXVIII: Olympische Sommerspiele in Athen - Fussball

No.	Jahrgang	Auflage	PP im Etui
B 10.25	2004	68`000	35

XXVIII: Olympische Sommerspiele in Athen - Fackel Lauf in Amerika

No.	Jahrgang	Auflage	PP im Etui
B 10.26	2004	10`000	40

XXVIII: Olympische Sommerspiele in Athen - Fackel Lauf in Afrika

No.	Jahrgang	Auflage	PP im Etui
B 10.27	2004	10`000	40

10 Euro Gedenkmünzen - grosse Variante

XXVIII: Olympische Sommerspiele in Athen - Rhythmische Sportgymnastik					
Jahrgang	Auflage	Datum	Ort	Erhaltung	Preis
2003	68`000				

XXVIII: Olympische Sommerspiele in Athen - Schwimmen					
Jahrgang	Auflage	Datum	Ort	Erhaltung	Preis
2003	68`000				

XXVIII: Olympische Sommerspiele in Athen - Gewichtheben					
Jahrgang	Auflage	Datum	Ort	Erhaltung	Preis
2004	68`000				

XXVIII: Olympische Sommerspiele in Athen - Ringen					
Jahrgang	Auflage	Datum	Ort	Erhaltung	Preis
2004	68`000				

XXVIII: Olympische Sommerspiele in Athen - Handball					
Jahrgang	Auflage	Datum	Ort	Erhaltung	Preis
2004	68`000				

XXVIII: Olympische Sommerspiele in Athen - Fussball					
Jahrgang	Auflage	Datum	Ort	Erhaltung	Preis
2004	68`000				

XXVIII: Olympische Sommerspiele in Athen - Fackel Lauf in Amerika					
Jahrgang	Auflage	Datum	Ort	Erhaltung	Preis
2004	10`000				

XXVIII: Olympische Sommerspiele in Athen - Fackel Lauf in Afrika					
Jahrgang	Auflage	Datum	Ort	Erhaltung	Preis
2004	10`000				

10 Euro Gedenkmünzen - grosse Variante

XXVIII: Olympische Sommerspiele in Athen - Fackel Lauf in Australien

No.	Jahrgang	Auflage	PP im Etui
B 10.28	2004	10`000	40

XXVIII: Olympische Sommerspiele in Athen - Fackel Lauf in Asien

No.	Jahrgang	Auflage	PP im Etui
B 10.29	2004	10`000	40

50 Jahre Nationalpark Olympos - Zeus Statue

No.	Jahrgang	Auflage	PP im Etui
B 10.30	2006	5`000	70

50 Jahre Nationalpark Olympos - Ausgrabungs Stätte Dion

No.	Jahrgang	Auflage	PP im Etui
B 10.31	2006	5`000	70

National Park Pindos - Schwarzkiefern Wald im National Park Valia Calda

No.	Jahrgang	Auflage	PP im Etui
B 10.32	2007	5`000	70

National Park Pindos - Ohrenlerchen und Pindoslilien

No.	Jahrgang	Auflage	PP im Etui
B 10.33	2007	5`000	70

Special Olympics 2011 in Athen - Fackel Läufer

No.	Jahrgang	Auflage	PP im Etui
B 10.34	2011	2`000	150

Special Olympics 2011 in Athen - Sportler

No.	Jahrgang	Auflage	PP im Etui
B 10.35	2011	2`000	150

10 Euro Gedenkmünzen - grosse Variante

XXVIII: Olympische Sommerspiele in Athen - Fackel Lauf in Australien

Jahrgang	Auflage	Datum	Ort	Erhaltung	Preis
2004	10`000				

XXVIII: Olympische Sommerspiele in Athen - Fackel Lauf in Asien

Jahrgang	Auflage	Datum	Ort	Erhaltung	Preis
2004	10`000				

50 Jahre Nationalpark Olympos - Zeus Statue

Jahrgang	Auflage	Datum	Ort	Erhaltung	Preis
2006	5`000				

50 Jahre Nationalpark Olympos - Ausgrabungs Stätte Dion

Jahrgang	Auflage	Datum	Ort	Erhaltung	Preis
2006	5`000				

National Park Pindos - Schwarzkiefern Wald im National Park Valia Calda

Jahrgang	Auflage	Datum	Ort	Erhaltung	Preis
2007	5`000				

National Park Pindos - Ohrenlerchen und Pindoslilien

Jahrgang	Auflage	Datum	Ort	Erhaltung	Preis
2007	5`000				

Special Olympics 2011 in Athen - Fackel Läufer

Jahrgang	Auflage	Datum	Ort	Erhaltung	Preis
2011	2`000				

Special Olympics 2011 in Athen - Sportler

Jahrgang	Auflage	Datum	Ort	Erhaltung	Preis
2011	2`000				

10 Euro Gedenkmünzen - grosse Variante

Griechische Philosophen - Sokrates

No.	Jahrgang	Auflage	PP im Etui
B 10.36	2012	5`000	85

Griechische Dichter - Aischylos

No.	Jahrgang	Auflage	PP im Etui
B 10.37	2012	5`000	85

Griechische Philosophen - Pythagoras

No.	Jahrgang	Auflage	PP im Etui
B 10.38	2013	1`000	180

Griechische Dichter - Sophokles

No.	Jahrgang	Auflage	PP im Etui
B 10.39	2013	1`000	180

Griechische Medizin - Hippokrates

No.	Jahrgang	Auflage	PP im Etui
B 10.40	2013	1`200	180

Griechische Ratspräsidentschaft Januar bis Juni 2014

No.	Jahrgang	Auflage	PP im Etui
B 10.41	2014	5`000	80

Griechische Philosophen - Aristoteles

No.	Jahrgang	Auflage	PP im Etui
B 10.42	2014	1`200	180

Griechische Dichter - Euripides

No.	Jahrgang	Auflage	PP im Etui
B 10.43	2014	1`200	180

10 Euro Gedenkmünzen - grosse Variante

Griechische Philosophen - Sokrates

Jahrgang	Auflage	Datum	Ort	Erhaltung	Preis
2012	5`000				

Griechische Dichter - Aischylos

Jahrgang	Auflage	Datum	Ort	Erhaltung	Preis
2012	5`000				

Griechische Philosophen - Pythagoras

Jahrgang	Auflage	Datum	Ort	Erhaltung	Preis
2013	1`000				

Griechische Dichter - Sophokles

Jahrgang	Auflage	Datum	Ort	Erhaltung	Preis
2013	1`000				

Griechische Medizin - Hippokrates

Jahrgang	Auflage	Datum	Ort	Erhaltung	Preis
2013	1`200				

Griechische Ratspräsidentschaft Januar bis Juni 2014

Jahrgang	Auflage	Datum	Ort	Erhaltung	Preis
2014	5`000				

Griechische Philosophen - Aristoteles

Jahrgang	Auflage	Datum	Ort	Erhaltung	Preis
2014	1`200				

Griechische Dichter - Euripides

Jahrgang	Auflage	Datum	Ort	Erhaltung	Preis
2014	1`200				

10 Euro Gedenkmünzen - grosse Variante

Griechische Philosophen - Archimedes

No.	Jahrgang	Auflage	PP im Etui
B 10.44	2015	1`500	180

Griechische Dichter - Aristophanes

No.	Jahrgang	Auflage	PP im Etui
B 10.45	2015	1`500	180

Griechische Philosophen - Demokrit

No.	Jahrgang	Auflage	PP im Etui
B 10.46	2016	2`000	100

Griechische Dichter - Menander

No.	Jahrgang	Auflage	PP im Etui
B 10.47	2016	2`000	80

Griechische Philosophen - Diogenes von Sinope

No.	Jahrgang	Auflage	PP im Etui
B 10.48	2017	2`000	80

Griechische Dichter - Sappho

No.	Jahrgang	Auflage	PP im Etui
B 10.49	2017	2`000	80

Griechische Geschichts Schreiber - Herodot

No.	Jahrgang	Auflage	PP im Etui
B 10.50	2018	2`000	75

Griechische Dichter - Pindar

No.	Jahrgang	Auflage	PP im Etui
B 10.51	2018	2`000	75

10 Euro Gedenkmünzen - grosse Variante

Griechische Philosophen - Archimedes

Jahrgang	Auflage	Datum	Ort	Erhaltung	Preis
2015	1`500				

Griechische Dichter - Aristophanes

Jahrgang	Auflage	Datum	Ort	Erhaltung	Preis
2015	1`500				

Griechische Philosophen - Demokrit

Jahrgang	Auflage	Datum	Ort	Erhaltung	Preis
2016	2`000				

Griechische Dichter - Menander

Jahrgang	Auflage	Datum	Ort	Erhaltung	Preis
2016	2`000				

Griechische Philosophen - Diogenes von Sinope

Jahrgang	Auflage	Datum	Ort	Erhaltung	Preis
2017	1`500				

Griechische Dichter - Sappho

Jahrgang	Auflage	Datum	Ort	Erhaltung	Preis
2017	2`000				

Griechische Geschichts Schreiber - Herodot

Jahrgang	Auflage	Datum	Ort	Erhaltung	Preis
2018	2`000				

Griechische Dichter - Pindar

Jahrgang	Auflage	Datum	Ort	Erhaltung	Preis
2018	2`000				

10 Euro Gedenkmünzen - grosse Variante

Griechische Geschichts Schreiber - Thukydides

No.	Jahrgang	Auflage	PP im Etui
B 10.52	2019	1`200	110

Griechische Dichter - Alkaios von Lesbos

No.	Jahrgang	Auflage	PP im Etui
B 10.53	2019	1`200	110

2`500 Jahre Schlacht von Salamis

No.	Jahrgang	Auflage	PP im Etui
B 10.54	2020	3`000	85

2`500 Jahre Schlacht bei den Thermopylen

No.	Jahrgang	Auflage	PP im Etui
B 10.55	2020	3`000	85

10 Euro Gedenkmünzen - grosse Variante

Griechische Geschichts Schreiber - Thukydides

Jahrgang	Auflage	Datum	Ort	Erhaltung	Preis
2019	1`200				

Griechische Dichter - Alkaios von Lesbos

Jahrgang	Auflage	Datum	Ort	Erhaltung	Preis
2019	1`200				

2`500 Jahre Schlacht von Salamis

Jahrgang	Auflage	Datum	Ort	Erhaltung	Preis
2020	3`000				

2`500 Jahre Schlacht bei den Thermopylen

Jahrgang	Auflage	Datum	Ort	Erhaltung	Preis
2020	3`000				

10 Euro Gedenkmünzen aus der Europa Stern Münzen Serie

Technische Daten			
Material 92.5% Silber, 7.5% Kupfer			
Durch - messer 38.61mm	Dicke 3mm	Gewicht 31.1g	

Zeitalter von Eisen und Glas - 160. Todestag von Dionysios Solomos

No.	Jahrgang	Auflage	PP im Etui
B 11.1	2017	5`000	80

Barock und Rokoko - 270. Geburtstag von Adamantios Korais

No.	Jahrgang	Auflage	PP im Etui
B 11.2	2018	5`000	70

Renaissance - El Greco

No.	Jahrgang	Auflage	PP im Etui
B 11.3	2019	5`000	70

Gotik - Alexios I. Komnenos

No.	Jahrgang	Auflage	PP im Etui
B 11.4	2020	5`000	70

20 Euro

Technische Daten			
Material 92.5% Silber, 7.5% Kupfer			
Durch - messer 37mm	Rand glatt	Gewicht 24g	

75 Jahre Bank von Griechenland

No.	Jahrgang	Auflage	PP im Etui
B 20.1	2003	15`000	150

10 Euro Gedenkmünzen aus der Europa Stern Münzen Serie

Technische Daten					
Material 92.5% Silber, 7.5% Kupfer					
Durch - messer	38.61mm	Dicke	3mm	Gewicht	31.1g

Zeitalter von Eisen und Glas - 160. Todestag von Dionysios Solomos

Jahrgang	Auflage	Datum	Ort	Erhaltung	Preis
2017	5`000				

Barock und Rokoko - 270. Geburtstag von Adamantios Korais

Jahrgang	Auflage	Datum	Ort	Erhaltung	Preis
2018	5`000				

Renaissance - El Greco

Jahrgang	Auflage	Datum	Ort	Erhaltung	Preis
2019	5`000				

Gotik - Alexios I. Komnenos

Jahrgang	Auflage	Datum	Ort	Erhaltung	Preis
2020	5`000				

20 Euro

Technische Daten					
Material 92.5% Silber, 7.5% Kupfer					
Durch - messer	37mm	Rand	glatt	Gewicht	24g

75 Jahre Bank von Griechenland

Jahrgang	Auflage	Datum	Ort	Erhaltung	Preis
2003	15`000				

50 Euro

Technische Daten			
Material 0.999 Gold			
Durch - messer	14mm	Rand glatt	Gewicht 1g

Archäologische Stätten in Griechenland - Pella

No.	Jahrgang	Auflage	PP im Etui
B 50.1	2012	4`000	100

Archäologische Stätten in Griechenland - Tiryns

No.	Jahrgang	Auflage	PP im Etui
B 50.2	2013	1`000	150

Archäologische Stätten in Griechenland - Kykladen

No.	Jahrgang	Auflage	PP im Etui
B 50.3	2014	1`000	150

Archäologische Stätten in Griechenland - Delphi

No.	Jahrgang	Auflage	PP im Etui
B 50.4	2015	1`000	150

Archäologische Stätten in Griechenland - Olympia

No.	Jahrgang	Auflage	PP im Etui
B 50.5	2016	1`500	100

Archäologische Stätten in Griechenland - Kultur auf Kreta

No.	Jahrgang	Auflage	PP im Etui
B 50.6	2017	1`500	100

50 Euro

<table>
<tr><td colspan="6" align="center">Technische Daten
Material 0.999 Gold</td></tr>
<tr><td>Durch -
messer</td><td>14mm</td><td>Rand</td><td>glatt</td><td>Gewicht</td><td>1g</td></tr>
</table>

Archäologische Stätten in Griechenland - Pella

Jahrgang	Auflage	Datum	Ort	Erhaltung	Preis
2012	4`000				

Archäologische Stätten in Griechenland - Tiryns

Jahrgang	Auflage	Datum	Ort	Erhaltung	Preis
2013	1`000				

Archäologische Stätten in Griechenland - Kykladen

Jahrgang	Auflage	Datum	Ort	Erhaltung	Preis
2014	1`000				

Archäologische Stätten in Griechenland - Delphi

Jahrgang	Auflage	Datum	Ort	Erhaltung	Preis
2015	1`000				

Archäologische Stätten in Griechenland - Olympia

Jahrgang	Auflage	Datum	Ort	Erhaltung	Preis
2016	1`500				

Archäologische Stätten in Griechenland - Kultur auf Kreta

Jahrgang	Auflage	Datum	Ort	Erhaltung	Preis
2017	1`500				

50 Euro

Archäologische Stätten in Griechenland - Kap Sounion			
No.	Jahrgang	Auflage	PP im Etui
B 50.7	2018	1`500	100
Archäologische Stätten in Griechenland - Heraion von Samos			
No.	Jahrgang	Auflage	PP im Etui
B 50.8	2019	1`500	100
Archäologische Stätten in Griechenland - Messene			
No.	Jahrgang	Auflage	PP im Etui
B 50.9	2020	1`500	90

50 Euro

Archäologische Stätten in Griechenland - Kap Sounion					
Jahrgang	Auflage	Datum	Ort	Erhaltung	Preis
2018	1`500				

Archäologische Stätten in Griechenland - Heraion von Samos					
Jahrgang	Auflage	Datum	Ort	Erhaltung	Preis
2019	1`500				

Archäologische Stätten in Griechenland - Messene					
Jahrgang	Auflage	Datum	Ort	Erhaltung	Preis
2020	1`500				

100 Euro

Technische Daten				
Material 0.999 Gold				
Durch - messer	25mm	Dicke 1.4mm	Gewicht 10g	

XXVIII: Olympische Sommer Spiele in Athen - Königs Palast von Knossos

No.	Jahrgang	Auflage	PP im Etui
B 100.1	2003	26`582	550

XXVIII: Olympische Sommer Spiele in Athen - Stadion von Olympia

No.	Jahrgang	Auflage	PP im Etui
B 100.2	2003	18`432	550

XXVIII: Olympische Sommer Spiele in Athen - Panathinaikon Stadion

No.	Jahrgang	Auflage	PP im Etui
B 100.3	2003	17`924	550

XXVIII: Olympische Sommer Spiele in Athen - Zappeion

No.	Jahrgang	Auflage	PP im Etui
B 100.4	2003	16`440	550

XXVIII: Olympische Sommer Spiele in Athen - Akropolis Athen

No.	Jahrgang	Auflage	PP im Etui
B 100.5	2004	18`242	550

XXVIII: Olympische Sommer Spiele in Athen - Akademie von Athen

No.	Jahrgang	Auflage	PP im Etui
B 100.6	2004	16`380	550

Technische Daten					
Material 0.999 Gold					
Durch - messer	25mm	Dicke	1.4mm	Gewicht	10g

XXVIII: Olympische Sommer Spiele in Athen - Königs Palast von Knossos

Jahrgang	Auflage	Datum	Ort	Erhaltung	Preis
2003	26`582				

XXVIII: Olympische Sommer Spiele in Athen - Stadion von Olympia

Jahrgang	Auflage	Datum	Ort	Erhaltung	Preis
2003	18`432				

XXVIII: Olympische Sommer Spiele in Athen - Panathinaikon Stadion

Jahrgang	Auflage	Datum	Ort	Erhaltung	Preis
2003	17`924				

XXVIII: Olympische Sommer Spiele in Athen - Zappeion

Jahrgang	Auflage	Datum	Ort	Erhaltung	Preis
2003	16`440				

XXVIII: Olympische Sommer Spiele in Athen - Akropolis Athen

Jahrgang	Auflage	Datum	Ort	Erhaltung	Preis
2004	18`242				

XXVIII: Olympische Sommer Spiele in Athen - Akademie von Athen

Jahrgang	Auflage	Datum	Ort	Erhaltung	Preis
2004	16`380				

100 Euro

XXVIII: Olympische Sommer Spiele in Athen - Entfachung des olympischen Feuers			
No.	Jahrgang	Auflage	PP im Etui
B 100.7	2004	10`000	550
XXVIII: Olympische Sommer Spiele in Athen - Ankunft der Fackel im Olympia Stadion			
No.	Jahrgang	Auflage	PP im Etui
B 100.8	2004	10`000	550

100 Euro

Technische Daten

Material 91.7% Gold, 5.3% Silber, 3% Kupfer

Durch - messer	22.05	Rand	glatt	Gewicht	7.98g

Special Olympics 2011 in Athen

No.	Jahrgang	Auflage	PP im Etui
B 100.9	2011	1`000	1`000

100. Jahrestag der Befreiung von Thessaloniki

No.	Jahrgang	Auflage	PP im Etui
B 100.10	2012	1`500	750

100. Jahrestag des 1. Balkan Krieg

No.	Jahrgang	Auflage	PP im Etui
B 100.11	2012	1`500	750

100 Euro

XXVIII: Olympische Sommer Spiele in Athen - Entfachung des olympischen Feuers					
Jahrgang	Auflage	Datum	Ort	Erhaltung	Preis
2004	10`000				
XXVIII: Olympische Sommer Spiele in Athen - Ankunft der Fackel im Olympia Stadion					
Jahrgang	Auflage	Datum	Ort	Erhaltung	Preis
2004	10`000				

100 Euro

Technische Daten					
Material 91.7% Gold, 5.3% Silber, 3% Kupfer					
Durch - messer	22.05	Rand	glatt	Gewicht	7.98g
Special Olympics 2011 in Athen					
Jahrgang	Auflage	Datum	Ort	Erhaltung	Preis
2011	1`000				
100. Jahrestag der Befreiung von Thessaloniki					
Jahrgang	Auflage	Datum	Ort	Erhaltung	Preis
2012	1`500				
100. Jahrestag des 1. Balkan Krieg					
Jahrgang	Auflage	Datum	Ort	Erhaltung	Preis
2012	1`500				

100 Euro

Technische Daten			
Material 0.999 Gold			
Durch - messer	17.5mm	Rand	glatt	Gewicht	3.89g

Griechische Mythologie - Die olympischen Götter - Zeus

No.	Jahrgang	Auflage	PP im Etui
B 100.12	2014	1`000	350

Griechische Mythologie - Die olympischen Götter - Hera

No.	Jahrgang	Auflage	PP im Etui
B 100.13	2015	1`000	380

Griechische Mythologie - Die olympischen Götter - Poseidon

No.	Jahrgang	Auflage	PP im Etui
B 100.14	2016	1`200	250

Griechische Mythologie - Die olympischen Götter - Athene

No.	Jahrgang	Auflage	PP im Etui
B 100.15	2017	1`200	250

Griechische Mythologie - Die olympischen Götter - Apollon

No.	Jahrgang	Auflage	PP im Etui
B 100.16	2018	1`200	250

Griechische Mythologie - Die olympischen Götter - Demeter

No.	Jahrgang	Auflage	PP im Etui
B 100.17	2019	1`200	250

Griechische Mythologie - Die olympischen Götter - Hermes

No.	Jahrgang	Auflage	PP im Etui
B 100.18	2020	1`200	240

100 Euro

Technische Daten					
Material 0.999 Gold					
Durch - messer	17.5mm	Rand	glatt	Gewicht	3.89g

Griechische Mythologie - Die olympischen Götter - Zeus

Jahrgang	Auflage	Datum	Ort	Erhaltung	Preis
2014	1`000				

Griechische Mythologie - Die olympischen Götter - Hera

Jahrgang	Auflage	Datum	Ort	Erhaltung	Preis
2015	1`000				

Griechische Mythologie - Die olympischen Götter - Poseidon

Jahrgang	Auflage	Datum	Ort	Erhaltung	Preis
2016	1`200				

Griechische Mythologie - Die olympischen Götter - Athene

Jahrgang	Auflage	Datum	Ort	Erhaltung	Preis
2017	1`200				

Griechische Mythologie - Die olympischen Götter - Apollon

Jahrgang	Auflage	Datum	Ort	Erhaltung	Preis
2018	1`200				

Griechische Mythologie - Die olympischen Götter - Demeter

Jahrgang	Auflage	Datum	Ort	Erhaltung	Preis
2019	1`200				

Griechische Mythologie - Die olympischen Götter - Hermes

Jahrgang	Auflage	Datum	Ort	Erhaltung	Preis
2020	1`200				

200 Euro

Technische Daten			
Material 91.6% Gold, 4.2% Kupfer, 4.2% Silber			
Durch - messer 28mm	Rand glatt		Gewicht 17g
75 Jahre Bank von Griechenland			
No.	Jahrgang	Auflage	PP im Etui
B 200.1	2003	1`000	2`800

200 Euro

Technische Daten			
Material 91.7% Gold, 5.3% Silber, 3% Kupfer			
Durch - messer 22.05mm	Rand glatt		Gewicht 7.98g
Griechische Medizin - Hippokrates			
No.	Jahrgang	Auflage	PP im Etui
B 200.2	2013	1`200	700
Griechische Medizin - Aristoteles			
No.	Jahrgang	Auflage	PP im Etui
B 200.3	2014	600	900
Griechische Medizin - Archimedes			
No.	Jahrgang	Auflage	PP im Etui
B 200.4	2015	750	750
Griechische Medizin - Demokrit			
No.	Jahrgang	Auflage	PP im Etui
B 200.5	2016	1`000	600

200 Euro

Technische Daten					
Material 91.6% Gold, 4.2% Kupfer, 4.2% Silber					
Durch - messer	28mm	Rand	glatt	Gewicht	17g

75 Jahre Bank von Griechenland					
Jahrgang	Auflage	Datum	Ort	Erhaltung	Preis
2003	1`000				

200 Euro

Technische Daten					
Material 91.7% Gold, 5.3% Silber, 3% Kupfer					
Durch - messer	22.05mm	Rand	glatt	Gewicht	7.98g

Griechische Medizin - Hippokrates

Jahrgang	Auflage	Datum	Ort	Erhaltung	Preis
2013	1`200				

Griechische Medizin - Hippokrates

Jahrgang	Auflage	Datum	Ort	Erhaltung	Preis
2014	600				

Griechische Medizin - Archimedes

Jahrgang	Auflage	Datum	Ort	Erhaltung	Preis
2015	750				

Griechische Medizin - Demokrit

Jahrgang	Auflage	Datum	Ort	Erhaltung	Preis
2016	1`000				

200 Euro

Griechische Medizin - Diogenes

No.	Jahrgang	Auflage	PP im Etui
B 200.6	2017	1`000	480

Griechische Medizin - Herodot

No.	Jahrgang	Auflage	PP im Etui
B 200.7	2018	1`000	480

Griechische Medizin - Thukydides

No.	Jahrgang	Auflage	PP im Etui
B 200.8	2019	750	470

Perserkriege

No.	Jahrgang	Auflage	PP im Etui
B 200.9	2020	750	1`200

Die 20 Euro Münze in Silber und die 200 Euro Münze in Gold
75 Jahre National Bank
wurden anfangs nur an die Mitarbeiter der National Bank
ausgegeben. Später gelangten die verbliebenen Stücke in den freien
Handel.

200 Euro

<table>
<tr><td colspan="6" align="center">Griechische Medizin - Diogenes</td></tr>
<tr><td>Jahrgang</td><td>Auflage</td><td>Datum</td><td>Ort</td><td>Erhaltung</td><td>Preis</td></tr>
<tr><td>2017</td><td>1`000</td><td></td><td></td><td></td><td></td></tr>
<tr><td colspan="6" align="center">Griechische Medizin - Herodot</td></tr>
<tr><td>Jahrgang</td><td>Auflage</td><td>Datum</td><td>Ort</td><td>Erhaltung</td><td>Preis</td></tr>
<tr><td>2018</td><td>1`000</td><td></td><td></td><td></td><td></td></tr>
<tr><td colspan="6" align="center">Griechische Medizin - Thukydides</td></tr>
<tr><td>Jahrgang</td><td>Auflage</td><td>Datum</td><td>Ort</td><td>Erhaltung</td><td>Preis</td></tr>
<tr><td>2019</td><td>750</td><td></td><td></td><td></td><td></td></tr>
<tr><td colspan="6" align="center">Perserkriege</td></tr>
<tr><td>Jahrgang</td><td>Auflage</td><td>Datum</td><td>Ort</td><td>Erhaltung</td><td>Preis</td></tr>
<tr><td>2020</td><td>750</td><td></td><td></td><td></td><td></td></tr>
</table>

KMS - Kurs Münzen Sätze

Jahrgang	Name	Auflage	Erhaltung	Wert
2002	2 Zeilen	5`000	ST	250
2002	3 Zeilen	49`945	ST	30
2002	EFS Satz	6`000	ST	25
2003		49`300	ST	35
2003	10 Euro Ratspräsident	50`000	ST	90
2004		30`000	ST	100
2005		25`000	ST	30
2005	mit 10 Euro	25`000	ST	85
2006		25`000	ST	50
2006	mit 10 Euro	25`000	ST	85
2007		15`000	ST	120
2007	10 Euro Kazan.	5`000	ST	140
2007	10 Euro Callas	5`000	ST	150
2008		15`000	ST	40
2008	mit 10 Euro	10`000	ST	80
2009		7`500	ST	45
2009	2 Euro WWU	7`500	ST	55
2009	10 Euro Astronomie	5`000	ST	60
2009	10 Euro G. Ritsos	5`000	ST	60
2010	2 Euro Marathon	7`500	ST	35
2010	2 Euro Tirieme	7`500	ST	45
2010	10 Euro Vempo	5`000	ST	70
2010	10 Euro biol. Vielfalt	5`000	ST	60
2011		15`000	ST	30
2011	2 Euro Sp. Olympics	5`000	ST	40
2011	10 Euro Akropolis	7`500	ST	70

KMS - Kurs Münzen Sätze

Jahrgang	Name	Auflage	Datum	Ort	Preis
2002	2 Zeilen	5`000			
2002	3 Zeilen	49`945			
2002	EFS Satz	6`000			
2003		49`300			
2003	10 Euro Ratspräsi.	50`000			
2004		30`000			
2005		25`000			
2005	mit 10 Euro	25`000			
2006		25`000			
2006	mit 10 Euro	25`000			
2007		15`000			
2007	mit 10 Euro	5`000			
2007	mit 10 Euro	5`000			
2008		15`000			
2008	mit 10 Euro	10`000			
2009		7`500			
2009	2 Euro WWU	7`500			
2009	10 Euro Astronomie	5`000			
2009	10 Euro G. Ritsos	5`000			
2010	2 Euro Marathon	7`500			
2010	2 Euro Tirieme	7`500			
2010	10 Euro Vempo	5`000			
2010	10 Euro biol. Vielfalt	5`000			
2011		15`000			
2011	2 Euro Sp. Olympics	5`000			
2011	10 Euro Akropolis	7`500			

KMS - Kurs Münzen Sätze

Jahrgang	Name	Auflage	Erhaltung	Wert
2011	10 Euro Stadion	7`500	ST	65
2011		2`500	PP	150
2012	Santorini	20`000	ST	30
2012	2 Euro Bargeld	2`500	PP	180
2012	10 Euro Papanikolaou	10`000	ST	60
2013	Mykonos	20`000	ST	25
2013	2 x 2 Euro	4`000	PP	150
2014	Thrakien	13`000	ST	45
2014		2`500	PP	130
2015	Epirus	15`000	ST	45
2015		2`000	PP	100
2016	Peloponneses	15`000	ST	30
2016		2`000	PP	100
2017	Kreta	15`000	ST	30
2017		1`200	PP	100
2018	Rhodos	15`000	ST	25
2018	2 x 2 Euro	2`000	PP	120
2019	Samos	10`000	ST	25
2019	2 x 2 Euro	1`500	PP	110
2020	Lesbos	10`000	ST	30

KMS - Kurs Münzen Sätze

Jahrgang	Name	Auflage	Datum	Ort	Preis
2011	10 Euro Stadion	7`500			
2011		2`500			
2012	Santorini	20`000			
2012	2 Euro Bargeld	2`500			
2012	10 Euro Papa - nikolaou	10`000			
2013	Mykonos	20`000			
2013	2 x 2 Euro	4`000			
2014	Thrakien	13`000			
2014		2`500			
2015	Epirus	15`000			
2015		2`000			
2016	Peloponneses	15`000			
2016		2`000			
2017	Kreta	15`000			
2017		1`200			
2018	Rhodos	15`000			
2018	2 x 2 Euro	2`000			
2019	Samos	10`000			
2019	2 x 2 Euro	1`500			
2020	Lesbos	10`000			

Notizen